¿ABANDONADAS?

Libre en Cristo

SERIE CREADA POR **MICHELLE BORQUEZ**

MICHELLE MOORE, PAIGE HENDERSON Y SHARON KAY BALL

B&H
ESPAÑOL
NASHVILLE, TENNESSEE

ISBN: 978-1-4336-8420-3

Publicado originalmente en inglés por Aspire Press, una división de Rose Publishing, Inc., con el título *Abandonment to Forgiveness* © 2013 God Crazy/Bella Publishing.

Traducción al español: Cecilia Romanenghi

Diseño interior: Tomás Ortiz

Impreso en EE.UU.
1 2 3 4 5 * 17 16 15 14

ÍNDICE

Las autoras

A **Michelle Moore** la abandonaron sus padres en la temprana adolescencia. Durante muchos años, cargó con esa pesada amargura. Cuando finalmente se enfrentó al dolor y se volvió al Dios que nunca la abandonará, comenzó un proceso hacia la misericordia, el perdón y la sanidad.

Paige Henderson es una oradora de renombre internacional y nacional, a quien le encanta despertar la pasión en el corazón de las mujeres. Paige y su esposo, Richard, fundaron *Fellowship of the Sword Ministries* [www.fellowshipofthesword.com].

Sharon Kay Ball es psicoterapeuta profesional y madre de tres hijos. Además de su práctica privada, Sharon es miembro del equipo de consejeros en su iglesia. Su propia experiencia personal de sufrimiento, la lucha diaria para criar sola a sus hijos y las entrevistas con sus pacientes le han dado una gran compasión y comprensión por quienes se enfrentan a las tragedias y pruebas de la vida.

CAPÍTULO 1

LA HISTORIA DE MICHELLE

Michelle Moore

*Y perdónanos nuestros pecados, porque también
nosotros perdonamos a todos los que nos deben.*

LUCAS 11:4

Cuando tenía catorce años, mi madre se
cambió la identidad y luego me abandonó.
Durante casi 18 años, no supe si estaba viva
o muerta. Este abandono fue lo más doloroso
que jamás me haya sucedido, y dejó secuelas
durante muchos años. Inmediatamente después de su partida, me convertí en la carcasa
de la niña que había sido. Devastada por el
dolor, el temor y el vacío, mi vida me resultaba
completamente ajena. Mi madre y yo había-
mos tenido una relación muy estrecha. Estaba

divorciada de mi padre y era mi mejor amiga. Y, entonces, me dejó. No podía hablarle. No podía escribirle. No tenía idea de dónde había ido ni por qué.

Acostada en la cama me decía a mí misma: *¿Tan terrible soy? Hasta las madres de los asesinos y los violadores visitan a sus hijos en la prisión. Mi madre me abandonó. Se levantó y se fue. ¿Tan horrenda seré?*

Reflexionaba una y otra vez en qué podría haber hecho que fuera tan malo y me culpaba por su decisión. Mi autoestima se desplomó y toda clase de inseguridades aparecieron con más fuerza. Mi padre tampoco fue de mucha ayuda. Cuando mi madre se fue, mi abuelo me pidió que esperara un mes antes de contactar a mi padre, pero antes del mes, ya me habían mandado a vivir con unos tíos en otra ciudad.

Muy pronto, entendí con claridad que aquel hogar no era un lugar en donde quisiera quedarme. Sin embargo, cuando le pregunté a mi padre si podía vivir con él, me respondió con excusas, diciendo que ahora tenía «una nueva familia» (mi madrastra y su bebé de tres meses). Me preguntó si no podría quedarme donde estaba. Mis propios padres no me querían. Mis tíos pensaban que era una carga. ¿Quién más iba a quererme?

El abandono es horrible. No podía relegar esta realidad al fondo de mi mente y actuar como si no importara. No podía fingir que

> *Mi autoestima se desplomó.*

nunca había sucedido. Después de todo, siempre había algo para recordarme lo que me faltaba: el Día de la Madre, las fiestas familiares. Mis amigas tenían madres. Había madres por todas partes, menos la mía.

La gente que me rodeaba no podía entender el profundo dolor que tenía. Por fuera, parecía estar perfectamente bien. Por dentro, pedía ayuda a gritos. Al sentir que nadie comprendía mi dolor, quedé aislada y sola. Podía estar en una habitación llena de gente, pero me sentía la persona más sola del mundo.

Durante los 18 años en que mi madre estuvo ausente, hice lo imposible por encontrarle sentido a su ausencia. Finalmente, comencé a construir mi vida sin ella. Crecí, pero cada logro, cada hito en mi vida iban acompañados de una nube negra, porque mi madre no estaba allí para verlos. La graduación de la escuela secunda-

> *Deseaba que mi madre estuviera allí conmigo.*

ria, la boda e incluso los nacimientos de mis hijos estuvieron ensombrecidos por la ausencia que se había convertido más bien en una herida abierta en mi corazón. Cuando nació mi hijo menor, Carson, lloré; no con lágrimas de gozo por su llegada, sino de desesperación porque deseaba que mi madre estuviera allí conmigo. Como simplemente había desaparecido de mi vida, no había podido hacer un corte con el pasado. El «no saber» me llenaba de temor, preocupación y dolor imposibles de describir con palabras. El vacío en mi vida y en mi corazón estaba allí, como una herida infectada.

Pasé muchos años buscando el amor, el valor y la esperanza que no recibí de mi madre ni de mi padre. Traté de encontrar mi valía en el hogar, pero no estaba allí. Pensé que podía encontrarla en los negocios. Tampoco. A pesar de los éxitos, de los logros, del dinero y de las posesiones materiales que gané, seguía sin encontrar ni poder remplazar las carencias de aquella edad temprana.

Una noche, como tantas otras, me puse a llorar desconsoladamente frente a mi esposo lamentando las injusticias y las heridas de mi niñez, y el dolor por el abandono de mis padres. Mientras tanto, nuestros hijos jugaban en la habitación contigua. Cuando me di cuenta de lo que estaba haciendo, me sentí culpable, avergonzada. Estaba llorando por mi pasado mientras que mi amoroso esposo, nuestros hijos adorables y yo vivíamos seguros y sanos en una hermosa casa. No pude evitar pensar en cuántas madres oran a diario por la salud de sus hijos, piden que sus maridos sean amorosos, o desean tener un lugar seguro donde vivir. Aquí estaba, dejando que la vida pasara de largo sin disfrutar de las bendiciones que el

Señor me había dado. Así y todo, todavía sentía dolor. Lloraba. No podía dejar mi pasado atrás.

Aquella noche, mientras lloraba, entendí cuál era el verdadero problema. Por fin me di cuenta de que mi dolor no sanaba porque no había perdonado a mis padres. No me había desprendido de esa carga. Ahora me veía obligada a enfrentar mi pasado. Debía confrontar el dolor si deseaba sanarme.

Aquel sería el primer paso para mi sanidad. Comencé a entender que Dios estaba conmigo en todo momento y que no me dejaría como lo habían hecho mis padres. Ellos me habían abandonado, pero Dios jamás lo haría. Él era diferente. Al darme cuenta de esto, las cosas comenzaron a cambiar. Durante mucho tiempo me había sentido como un rompecabezas al que le faltan piezas. Pero ahora, lentamente, iba encontrando esas piezas y las colocaba en su lugar. A medida que mi relación con el Señor creció, las carencias de mis padres no me importaron tanto. No era el fin del mundo, como siempre me había parecido.

Mientras avanzaba en este proceso, lentamente comencé a sentir misericordia, gracia y perdón como nunca antes. Comencé a considerar la naturaleza humana y me di cuenta de que, a veces, cuando la gente toma decisiones malas, no siempre sabe lo profundo que hiere a otros. Mi madre puede haberse dicho que a pesar de ser todavía una niña, yo estaría mejor sin ella. Mi padre puede haber creído que era mejor mantener distancia de todos los involucrados —incluyéndome a mí— para evitar las confrontaciones con otros miembros de la familia. Lo cierto es que probablemente nunca conoceré sus razones. Pero no sería la persona que soy hoy si no fuera por las decisiones, buenas y malas, que tomaron mis padres.

Explico esto porque quiero alentar a toda la que esté reteniendo el perdón para que lo libere. No cometas los mismos errores que yo. Si no perdonamos a otros, es imposible sanar. Aunque hacer el esfuerzo valdrá la pena, el perdón es un proceso. Es una de las cosas más difíciles que he tenido que hacer en la vida. No es algo que se dice una vez y listo; debo comprometerme a perdonar y renovar este compromiso a menudo.

Sabía que como cristiana debía perdonar. No es una opción, es un mandamiento. Me negaba a perdonar porque esperaba que mis padres, que me habían agraviado, me lo pidieran. Esta negativa me hacía sentir en control de la situación. Pero la Biblia no enseña que podemos perdonar cuando hayamos decidido que la persona ha sufrido lo suficiente —según nosotros— como para expiar sus acciones. Manda perdonar. Sin condiciones ni peros.

Me llevó tiempo darme cuenta de que el perdón no significa que la persona tenga permiso para herirme otra vez, ni tampoco que olvidaré. Ni siquiera significa que se sentirán tan conmovidos por mi bondad que cambiarán su conducta. Tuve que comprender que la persona que me hizo mal y tanto me lastimó, seguramente no tiene idea de lo dolida que estoy. Después de todo, no está en mis zapatos. Incluso, tal vez ni se haya dado cuenta de que me lastimó.

Fue como si se hubiera accionado un interruptor. Luego de tantos años, experimenté una revelación. Me di cuenta de que mientras me revolcaba en el dolor, mi madre y mi padre habían seguido adelante con sus vidas, probablemente sin tomar conciencia del daño que habían causado.

El perdón no significa que todo se arreglará y que las relaciones se restaurarán milagrosamente. Pero sí significa que decidimos no buscar venganza ni resarcimiento. De paso, si ponemos condiciones o expectativas en nuestro perdón hacia otros, nos preparamos para que nos lastimen una y otra vez.

El perdón es una decisión que solo tú puedes tomar. No una sola vez, sino siempre. Al hombre que le preguntó cuántas veces debía perdonar, Jesús le respondió: «No te digo hasta siete, sino aun hasta setenta veces siete» (Mateo 18:22). La profundidad del perdón que Jesús enseñó no

> *El perdón es una decisión que solo tú puedes tomar.*

tiene que ver con la magnitud de los números, sino con el tamaño de tu corazón. No siempre es fácil perdonar, pero las recompensas son ilimitadas.

Soporté años y años de enojo, dolor, horror, lágrimas, temor, depresión y pensamientos suicidas. Venía arrastrando una bolsa llena de dolor y malos recuerdos desde que comenzó la pesadilla. Pero no podía cambiar lo que había sucedido. Los «y si...» y «si tan solo...» no eran productivos ni saludables. En cambio, tuve que tomar una decisión consciente de asumir lo que había sucedido y usarlo para bien. Dios se ha movido en mi vida y decidí compartir mi experiencia. Es asombroso que cuando dejé de centrarme en mí misma para aprovechar mi tiempo y energía en ayudar a otra gente, comencé a recuperarme a pasos agigantados.

Mi cabeza se había debatido con preguntas furiosas dirigidas a Dios. *¿Por qué me sucedió esto a mí? ¿Por qué la otra persona pudo seguir adelante? ¿Qué se supone que debo hacer con* *todo este dolor?* La vida está llena de preguntas difíciles como estas, que no podemos responder porque no vemos todo lo que Dios ve. Pero decidí confiar en Dios. Ahora, Él está usando los años de sufrimiento para fortalecerme y para Su gloria, y continuará haciéndolo. Yo tan solo debía dar el primer paso.

Ahora bien, imagina lo que sucedió cuando descubrí, luego de 18 años de ausencia, que mi madre estaba bien y que vivía en otro estado distante. Una mañana, una voz desconocida en el teléfono se anunciaba como mi madre. Luego de algunas preguntas para determinar la autenticidad de la llamada, mi corazón se atrevió a tener la esperanza de que todo saldría bien y que recibiría las respuestas que había necesitado durante tanto tiempo. Luego de encontrarnos y de conversar con ella, me di cuenta de que los sueños de un feliz reencuentro que allanara los baches de mi corazón no se harían realidad.

La verdadera razón de su repentino regreso se hizo evidente casi de inmediato. Estaba pasando apremios económicos y necesitaba dinero. Estaba viva, y esa era una gran noticia. Pero era totalmente ajena a lo que me había hecho y a los estragos que había causado en mi vida. Esa inconsciencia, sumada a su falta de interés por los años que había perdido conmigo o por enterarse de que era abuela, fue el comienzo de la dolorosa comprensión de que mi madre no me había extrañado. Había decidido estar lejos todos aquellos años y solo había regresado cuando pensó que se beneficiaría financieramente. Sin embargo, aquí es donde reside la verdadera bendición: yo estaba profundamente herida, *pero tenía que elegir.* Podía seguir herida y amargada, o podía asumirlo y comenzar el proceso de sanidad. De cualquier manera, sabía que la obra tendría que comenzar conmigo.

Me encontré parada frente a una encrucijada. ¿Por qué sendero quería seguir? Optar por transitar el camino del enojo y el dolor solo me llevaría a vivir en el pasado. Pero si decidía afirmarme en las promesas de Dios, estas me llevarían a la verdadera sanidad y felicidad. Entonces, decidí pedirle a Dios que me ayudara a hacer un corte. Le pedí que dirigiera mis pasos y me ayudara a seguir adelante. Me respondió y le estoy agradecida.

Una de las mejores cosas que hice fue prometerme no tomar las mismas decisiones que me habían lastimado. Mis padres no estuvieron cerca de mí física ni emocionalmente. Sin embargo, decidí ser la mejor madre posible. También escogí sabiamente cuando me casé con mi esposo. Vi el amor que les tenía a los niños y supe que les proporcionaría un padre grandioso a mis futuros hijos. Mi esposo no deja de comentar lo agradecido que está de que mi niñez fuera lo que fue. Dice que sabe que soy una gran madre gracias a lo que no tuve de niña.

La obediencia a Dios comienza con humildad. Debemos creer que Su camino es mejor que el nuestro. Es probable que no siempre comprendamos Sus maneras de obrar, pero al obedecer con humildad, recibiremos Sus bendiciones. Debemos recordar que Dios puede usar cualquier cosa para cumplir Sus propósitos. Cuando puedes recordar lo sucedido y canalizar esas emociones hacia algo significativo y positivo que puedes hacer hoy, estás en condiciones de declararte vencedor.

La Navidad pasada, estuve gozosa. No había ansiedad por la festividad que se aproximaba, ni pensamientos decepcionantes de pasar otra Fiesta sin mis padres. Durante los días previos a la Navidad, ya no pensé: *Faltan pocos días para sentirme devastada otra vez.* Este año no hubo lágrimas ni sentimientos de tristeza o vacío. Ya no había nostalgia por mis padres ni por la niñez que me habían robado. En cambio, pasé el día disfrutando de la familia y de la buena comida, mientras agradecía a Dios por estar todos juntos, felices y sanos. Nuestro hogar rebosaba de amor, risa y gozo. Recién a la noche, mientras me acurrucaba en el sofá con mis muchachos, me di cuenta de lo feliz que me sentía y de lo feliz que había estado todo el día.

Ya ves, este año fue diferente. Fue el año en que decidí andar por el camino del *perdón* y aprendí lo dulce que es andar con Jesús que sostiene el farol para iluminar el sendero.

Las cuentas bancarias suben y bajan. Los empleos vienen y van. La gente te desilusiona una y otra vez. Pero si puedes perdonar y tienes la esperanza hoy, mañana y siempre de que los mejores días aún están por llegar, no necesitas más. *Todo lo puedo en Cristo que me fortalece* (Filipenses 4:13); y eso incluye al perdón.

CAPÍTULO 2

ESTUDIO BÍBLICO

Paige Henderson

UNA TAZA *de* PURA VERDAD

Pocas cosas hay peor que el abandono. Que alguien se marche sin una explicación ni un simple adiós es una de las formas más horribles y profundas de herir a otro. ¿Qué haces? ¿Cómo lo explicas? ¿A quién recurres cuando la que te abandona, como en el caso de Michelle, es tu propia *madre*? Ellas nos crían, nos enseñan y nos protegen, son quienes nos ayudan a navegar en un mundo desafiante. Nos enseñan qué hacer en palabras y acción. Nos ayudan a descubrir quiénes somos como mujeres. Tu madre es tu fuente de vida mucho más allá del útero. ¿Qué haces cuando quien debía criarte y enseñarte te abandona? Como ilustra la historia de Michelle, destruye por completo la base de tu seguridad y confianza, y produce resentimiento.

¿Cómo perdonas? Recuerda lo que Michelle dijo: «Yo estaba profundamente herida, *pero tenía que elegir*. Podía seguir herida y amargada, o podía asumirlo y comenzar el proceso de sanidad». El primer paso para sanar es perdonar.

Para los seguidores de Cristo, el perdón es una de esas disciplinas espirituales que a todos nos parece una excelente idea hasta que tenemos que ponerla en práctica. Y cuanto más profunda sea la herida, más difícil es perdonar. La batalla del perdón se pelea en todos los frentes. Espiritualmente, sabes que deberías perdonar, pero no quieres hacerlo o no puedes ver que existe una vida mejor al otro lado de esta herida. Emocionalmente, luchas contra sentimientos negativos —amargura, resentimiento, enojo, temor, ira— que afloran en los momentos más inoportunos. Físicamente, tu cuerpo responde al estrés con una amplia gama de síntomas, como el aumento de la presión arterial, problemas digestivos o debilidad del sistema inmunológico, resultado de la preocupación por el dolor y la necesidad de seguir en movimiento como un hámster en su ruedita, mientras intentas salvar lo que queda de tu vida.

Perdonar es en verdad cuestión de sacar cuentas y decidir, como hizo Michelle: si seguirás amargada y lidiando con todos los problemas que trae esa decisión, o si sanarás y... ¡vivirás! Yo te aliento a que comiences este mismo proceso hacia la sanidad. ¡Toma tu mochila y vayamos a explorar los campos del perdón!

Perdonar no es gran cosa, después de todo.

Perdonar no es gran cosa... si se compara con la posibilidad de perder años de tu vida. Además de las consecuencias físicas de negarse a perdonar, las espirituales son enormes.

Acabamos de comenzar a hablar del perdón, pero dejemos algunas cosas en claro. Desde el comienzo, debemos saber qué es el perdón y qué no es. Aquí tenemos una lista de mitos sobre el perdón que he recogido a lo largo de los años, mientras aconsejaba a personas durante este proceso. Estas ideas falsas pueden cerrarle el

> De la historia de Michelle
> *El vacío ... en mi corazón estaba allí, como una herida infectada.*

paso al verdadero perdón en nuestra vida. Si descubres que algunos de estos impedimentos te obstruyen el camino, ponlo en oración y luego reconsidera tus ideas cuando hayas oído lo que el Señor tiene para decir.

MITO N° 1: El perdón es una opción; por lo tanto, no perdonar no es pecado. A mí me hirieron: tengo derecho a estar ofendida.

El Señor es claro y nos manda perdonar. Busca tu Biblia, lee los siguientes versículos y responde las preguntas:

Mateo 6:14-15

¿Qué sucede si no perdonas?

_____

_____

_____

_____

_____

_____

Mateo 7:1-2

¿Qué criterio se usa para juzgarte?

_____

_____

_____

_____

_____

_____

Marcos 11:25-26

¿Qué sucede como resultado de tu perdón?

_____

_____

_____

_____

_____

_____

_____

El perdón es una opción, pero esto no implica que si decides no perdonar te librarás de las consecuencias. Esta decisión no es como rechazar un trozo de torta de chocolate o decir «no, gracias» cuando te invitan al cine. Cuando decidimos no perdonar, decidimos no obedecer lo que Dios nos ha mandado. Esta falta de perdón no es un asunto entre tú y la persona que te hirió; es entre tú y Dios.

MITO N° 2: El perdón restaura una relación y ahora no estoy lista para eso. No estoy lista para ninguna clase de relación; para ser sincera, no quiero ninguna clase de relación con la persona que me lastimó.

El perdón no es reconciliación. Son dos cosas diferentes. Algunas veces, van juntas, pero no siempre. El perdón es un asunto entre tú y el Señor. La reconciliación es asunto entre tú y la otra persona. Negarse a perdonar produce consecuencias en tu corazón y afecta tu relación con Dios. La falta de reconciliación con la persona que te hizo daño requiere otra serie de pasos.

El perdón hacia otros allana el camino en tu relación con el Señor. El perdón es, por cierto, muy personal. Pero no es personal entre tú y «ellos», sino entre tú y Dios. Lee los siguientes versículos para ver las consecuencias que la falta de perdón puede tener en tu relación con Dios.

Santiago 4:17
Según Santiago, ¿qué es no hacer lo bueno?

_____

_____

_____

_____

_____

_____

¿Qué es «lo bueno»? Hacer todo lo que Dios te diga. Ya has leído lo que la Palabra de Dios enseña sobre el perdón, y la mayoría fueron las propias palabras de Jesús.

Juan 9:31
¿Qué sabemos?

_____

_____

_____

_____

_____

_____

_____

La persona a quien Dios escucha tiene dos características. Anótalas a continuación.

1. _____

2. _____

Juan 15:7

La clave de este versículo es la parte que habla de permanecer en Cristo. La palabra *permanecer* significa estar unido en corazón, mente y voluntad. Piensa en todos los versículos que has buscado hasta ahora. ¿Qué te dice Jesús respecto al perdón? Anota tus pensamientos y sentimientos.

_____

_____

_____

_____

MITO N° 3: Antes de poder perdonar, la otra parte debe mostrar verdadero arrepentimiento. Tiene que entender y pedir perdón. Si no me lo piden, ¡no lo doy! El otro tiene la responsabilidad de darse cuenta de cuánto me ha lastimado.

Jesús perdonó aun mientras lo crucificaban. Lee la historia de su crucifixión en Lucas 23:13-37. Encuentra el versículo donde Jesús perdona a aquellos que lo están crucificando. Lee algunos versículos antes y después de ese pasaje. Luego, localiza el versículo donde los judíos, los soldados romanos o los ciudadanos romanos que asistieron a la crucifixión le piden perdón. Escríbelo a continuación.

_____

_____

_____

_____

_____

_____

No existe. No has pasado nada por alto. No se lo pidieron. Sin embargo, Él se los concedió.

Con esta idea en mente, considera la historia de Esteban en Hechos. En los comienzos de la primera iglesia en Jerusalén, los doce necesitaban ayuda para ocuparse del creciente número de seguidores de Jesús. Seleccionaron a siete hombres, incluido Esteban, para que se ocuparan del ministerio de servirles comida a los necesitados, entre otras tareas ministeriales. El trabajo de estos siete hombres les permitiría a los discípulos dedicar tiempo a la oración y al estudio de la Palabra. Algunos hombres de la sinagoga local comenzaron a discutir con Esteban. Lo acusaron injustamente de decir falsedades sobre la ley y de hablar en contra de la adoración en la sinagoga. Sus acusadores llegaron al punto de conseguir personas que mintieran y dieran falso testimonio contra él. Lo llevaron delante del sumo sacerdote para que se defendiera de las falsas acusaciones, y él aprovechó la oportunidad para hablarles sobre Jesús. Al final de su defensa, quienes lo escuchaban se enojaron tanto que lo llevaron fuera de la ciudad y lo apedrearon.

Lee Hechos 7:58-60. Esteban le pide a Dios que perdone a aquellos que lo apedreaban. ¿Puedes encontrar el versículo donde ellos se lo piden?

No se lo pidieron.

Tanto en la historia de Esteban como en la de Jesús en la cruz, la gente perdonada no mostró ninguna clase de remordimiento ni arrepentimiento; tampoco se detuvieron y comenzaron a reconciliarse. El perdón no depende de un cambio en el corazón de la persona que te ha herido. Aunque sería agradable, y algunas veces sucede, no es necesario. El perdón no pasa por un cambio en el ofensor, sino por un cambio en ti.

MITO N° 4: La capacidad para perdonar es un atributo personal. Algunos tienen por naturaleza más facilidad que otros para hacerlo. Yo no tengo ese tipo de personalidad.

El perdón es una disciplina espiritual como la oración. Se aprende, no naces con ella. Cuando los discípulos le pidieron a Jesús que les enseñara a orar, en Lucas 11:1-4, el perdón era parte de la lección. Jesús les da una muestra —un modelo— de lo que debe ser una oración y de los contenidos que debería tener habitualmente.

Primero, honrar a Dios. *Padre nuestro que estás en los cielos, santificado sea tu nombre. Venga tu reino.*

Segundo, pedir. *El pan nuestro de cada día, dánoslo hoy.*

Tercero, perdonar. *Y perdónanos nuestros pecados, porque también nosotros perdonamos a todos los que nos deben.*

Cuarto, someternos a la autoridad de Dios. *Y no nos metas en tentación.*

¡Son instrucciones claras para cualquier tipo de personalidad!

MITO Nº 5: El perdón llega cuando se ha hecho justicia. Si perdonas a alguien prematuramente, se echará a perder la lección que Dios quiere que aprenda. Lo volverán a hacer porque pensarán que si me maltratan, no hay problema.

En realidad, esto tiene que ver con la venganza. Es muy difícil perdonar si temes que al hacerlo estarás ayudando a la otra persona a librarse de la responsabilidad.

La primera mención al perdón relacionado con la represalia se encuentra en la historia de José, cerca del final del libro de Génesis. José era el hijo favorecido de su padre, Jacob, lo que lo convirtió en el hermano odiado. Sus hermanos mayores lo odiaban tanto que querían matarlo. En cambio, lo vendieron como esclavo y le dijeron a su padre que las bestias salvajes se lo habían devorado. José, el hijo favorecido, ahora es esclavo en Egipto. Prospera, pero luego lo llevan a prisión injustamente y parece que ha quedado allí olvidado. Entonces, la mano providencial del Señor hace que no solo obtenga la libertad, sino que también acceda a una posición de honor y poder en el gobierno egipcio. Las tierras alrededor de Egipto entran en un período de gran hambre, y los hermanos de José —los que lo habían vendido— tienen que venir a Egipto, y recurrir precisamente a él, para comprar comida. Luego de un par de capítulos, se produce la reunión de toda la familia. Pero, entonces, su padre, Jacob, muere y los hermanos temen que José se vengue.

Lee el encuentro entre José y sus hermanos
en Génesis 50:15-21.

_____

_____

_____

_____

_____

_____

_____

¿Qué dice José sobre la traición de sus hermanos
y el plan de Dios para su vida?

_____

_____

_____

_____

_____

En esta historia, llegamos a ver qué motivaba a los hermanos de José. Lee el versículo 15. ¿Qué temen los hermanos que hará José?

_____

_____

_____

_____

_____

_____

_____

José había renunciado al control sobre su vida y había sometido todo al Señor (versículo 19). Ya había perdonado a sus hermanos y, a través de su relación con el Señor, había visto con claridad el camino que Dios —no sus hermanos— había trazado para él. Debido a que José creía en la bondad del Señor, la idea de venganza —que los hermanos daban por segura— ni siquiera es un problema.

Ahora lee Romanos 12:19-21. ¿Quién tiene derecho a tomar represalia?

_____

_____

_____

_____

_____

_____

_____

El perdón te libera de quienes te lastimaron y los entrega a las manos de Dios. Ya no estás obligada a perpetuar el mal que comenzaron. El versículo 21 lo resume bien: «No seas vencido de lo malo, sino vence con el bien el mal». No te dejes vencer por lo que te hicieron; más bien, impregna la herida que te causaron con la bondad de Dios.

MITO N° 6: El perdón es un proceso como cualquier otro. En algún momento, cuando lo haya elaborado, perdonaré. Además, este agravio fue una vileza; no hay problema si no perdono hasta que haya sanado.

> De la historia de Michelle
> *Si no perdonamos a otros, es imposible sanar.*

No puedes sanar hasta que hayas perdonado. El perdón no es el último paso de un proceso, sino el primero. Una vez más, piensa en Jesús cuando le pide a Dios: «Padre, perdónalos, porque no saben lo que hacen» (Lucas 23:34).

¿Dónde estaba cuando pronunció estas palabras?

_____

_____

_____

_____

_____

En la serie de hechos para convertirse en nuestro Salvador, ¿en qué lugar del proceso estaba? Cuando colgaba de la cruz, ¿estaba al comienzo del proceso de salvación o al final? La crucifixión fue el primer paso para cumplir todo lo que se había dicho, para llegar a ser verdaderamente el Salvador. Perdonar a aquellos que lo habían traicionado, golpeado, acusado falsamente y llevado a cabo su sentencia de muerte lo liberó para hacer aquello para lo cual había venido. Los pudo perdonar porque sabía que aquello que estaban haciendo no era en absoluto lo que creían estar haciendo. Ellos pensaban que lo estaban matando, pero en realidad era el lanzamiento del gran plan de restauración que les proporcionaría la vida eterna.

MITO Nº 7: El perdón es una debilidad. No volveré a ser un felpudo. Lo único que consigues por ser demasiado perdonador es que te lastimen. Debo aprender a ser más firme y enérgica.

Lee Mateo 5:39-42, escrito a continuación, y pregúntate: ¿Cómo me siento respecto a estos versículos a la luz de la idea del perdón?

«… a cualquiera que te hiera en la mejilla derecha, vuélvele también la otra; y al que quiera ponerte a pleito y quitarte la túnica, déjale también la capa; y a cualquiera que te obligue a llevar carga por una milla, ve con él dos. Al que te pida, dale; y al que quiera tomar de ti prestado, no se lo rehúses».

¿Te parece que estos versículos hablan de debilidad? ¿Te parece que hablan de ser «felpudo» o de permitir que la gente se aproveche de ti una y otra vez? Vale la pena considerar si las palabras de Jesús te desafían a ser generosa con aquellos que te han ofendido, o si sientes que te impiden defender tus derechos. ¿Lo que Él quiere que hagas te alienta o te frustra?

Pienso —con una mano en el corazón— que vacilamos en perdonar porque no queremos que los «enemigos» de nuestro corazón se aprovechen de nosotros. Tal vez pienses: *Estas personas nos han herido, nos han hecho pedazos y se han aprovechado de nosotros, ¿y se supone que debemos darles más?* Te entiendo por completo, porque he tenido los mismos pensamientos.

Consideremos también algo nuevo. Compara las instrucciones de Jesús en los versículos de Mateo con las palabras de Pablo en Romanos 12:21, «vence con el bien el mal». ¿Qué adviertes al mirar juntos estos versículos?

Jesús no dio instrucciones que no pudiera ilustrar. Fíjate en la historia en Juan 18:1-11 y en Lucas 22:47-53. Jesús y Sus discípulos están saliendo del jardín donde han estado orando. Judas se adelanta para saludarlo y le da un beso como señal de que este es el hombre conocido como Jesús. Los soldados romanos se acercan para confirmar la identificación y le preguntan si en verdad es Jesús. Él responde que así es. Cuando los soldados se disponen a aprehenderlo, Pedro saca a relucir la actitud de lucha, toma una espada y le corta la oreja a un siervo llamado Malco. Este era uno de «ellos», un esclavo del sumo sacerdote, un enemigo. Jesús dijo: «¡Detente! ¡Basta ya!». Se acercó y sanó la oreja de Malco. La última sanidad de Jesús fue la de un enemigo.

A Jesús no le faltaba firmeza ni energía. Por cierto, fue firme y enérgico con los fariseos y los cambistas de dinero en el templo. Con estos ejemplos, nos ilustraba exactamente cómo despejar el camino en nuestra relación con Dios. No permitas que tus pies se enreden en las cuerdas de los insultos, las ofensas, las heridas y las traiciones. Aprovecha toda oportunidad para desenredarte. O como diría Pablo: «Vence el mal con el bien».

MITO N° 8: Si no perdonas de corazón, entonces tu perdón es falso y eso es peor que no perdonar.

La obediencia al Señor no es obediencia porque tienes deseos de obedecer. Es obediencia porque obedeces. Negociar una exención es desobediencia. Las heridas son heridas, pero puedes sentirte lastimado *y* obedecer. Tal vez no comprendas lo que sucedió o los porqués, pero puedes estar confundido y aun así obedecer.

Pensemos en las palabras de Pablo en la primera carta a la iglesia de Corinto. Lee 1 Corintios 9:24-27.

Vivo a la vera de un camino y veo a gente que corre y camina con todo tipo de clima: lluvia, nieve o calor sofocante. Conozco a algunos de ellos. Un hombre camina porque trata de prevenir un nuevo ataque cardíaco. Hay una madre joven que corre porque desea correr una maratón completa algún día. Un estudiante secundario resiste las empinadas colinas porque desea ganar la competencia estatal de campo traviesa este año. Cuando llueve, hace calor o está helado, a estas personas no les encanta estar afuera, pero el fruto que esperan conseguir de este régimen de ejercicio los impulsa a seguir adelante.

¿No es esto lo que Pablo desea ilustrar con el entrenamiento atlético? Los que se entrenan lo hacen porque esperan el resultado final, no necesariamente porque «se sienten con ganas». Lo mismo se aplica a la obediencia a Dios. Permite que el fruto de una correcta relación con el Señor te impulse a continuar el entrenamiento en obediencia para ser perdonadora. Perdonar cuando no tienes ganas se asemeja a correr en una tormenta o en una ventisca. *¿Por qué hago esto? ¡Es una locura!* Pero la recompensa de ser obediente, de agradar a Dios y de preservar tu relación diaria con Él es más importante que las circunstancias.

¿El Señor ha cambiado algo de lo que pensabas respecto al perdón? ¿De qué modo? ¿Cuál es tu próximo paso en este asunto del perdón? Sé sincera y reflexiona en el espacio a continuación.

_____

_____

_____

_____

_____

_____

_____

_____

_____

_____

_____

PENSAMIENTO *para* SABOREAR DE A SORBOS

El perdón se centra en Dios, no en la ofensa. El perdón trae la reconciliación entre tú y Dios. Si se distorsiona la comprensión del perdón, tu relación pura y poderosa con el Señor se ve afectada. El problema de la falta de perdón termina con la paz, entorpece tu relación con el Señor y carcome tu vida.

Descubrir los significados y efectos tanto del perdón como de la falta de él bien puede abrirte la puerta para experimentar un nuevo nivel de sanidad en tu corazón.

Si no tienes claro lo que Dios enseña sobre el perdón y, entonces, basas tu vida en una mezcla de una pizca de Biblia, una gota de sabiduría televisiva y una cucharada de opiniones de la madre de tu mejor amiga, estás en problemas. Si tu definición y lo que crees sobre el perdón están distorsionados, obedecer te será difícil.

El perdón es un asunto entre tú y Dios. Aunque es cierto que debes reconciliarte con lo que «ellos» hicieron, esa reconciliación se hace con el Señor, no necesariamente con «ellos». Lanzarte a arreglar las cosas directamente con «ellos» es solo el glaseado. La torta, el verdadero problema, es permanecer en la presencia del Señor, donde Él puede consolarte, darte comprensión y fortaleza para perdonar.

Lo que en realidad «ellos» han hecho es conducirte a la presencia de Dios para tener conversaciones verdaderas, relevantes, que cultiven tu relación con Él. El camino del perdón conduce directamente al trono de Dios. Esto siempre será para tu bien.

La gran traición

¿Cómo puedes estar sinceramente dolida sin aferrarte a la amargura?

No vayas a pensar que en la Biblia nadie estaba dolido. La gente que Dios usó no fingía estar dolida ni tampoco eran meros ejemplos utilizados por los escritores de la Biblia para darnos bonitos consejos sobre el sufrimiento.

Sufrían. Sufrían de verdad. No sabían cómo se resolverían esas situaciones dolorosas en las que estaban. Tenían las mismas opciones que tú: escoger la vida o escoger la muerte como resultado del sufrimiento.

El rey David componía canciones y a través de ellas podemos conocer numerosos aspectos de su vida. Las canciones que escribió se compilaron en el libro de Salmos. Un salmo es una canción, así que Salmos viene a ser un himnario. Seguramente, los que cantaban estos versículos tenían acompañamiento musical.

De la historia de Michelle
Todavía sentía dolor. No podía dejar mi pasado atrás.

A través de las canciones, David responde a los sucesos de su vida —como se describen en los libros de Samuel y Crónicas. Los salmos que escribió son el diario de los pensamientos y sentimientos de un cantautor: temor, sufrimiento, deleite, resignación y determinación.

Las canciones transmiten más emoción que las crónicas o los informes. Si escuchamos la música, podemos oír de inmediato el corazón de David. Existe un salmo en particular que escribió luego de que alguien cercano lo traicionara. Escuchas el dolor, pero luego la sanidad, en la vida de David.

Lee la canción de David en el Salmo 55. Escúchala. Si eres músico o tienes oído, podrás percibir cómo pasa de un tono menor con el que describe su dolor, a una intensa orquestación de la traición y el abandono de su amigo, y luego a una serena resolución en tono mayor hasta llegar finalmente a un solo violín en la última línea.

Versículo 1: ¿A quién dirige David esta canción?

_____

_____

_____

_____

_____

Versículo 2: Describe el estado emocional de David. ¿Qué siente? Busca las palabras descriptivas.

_____

_____

_____

_____

_____

_____

_____

_____

¿Alguna vez te has sentido así cuando te han herido profundamente? David dice que se encuentra en semejante conmoción interna que habla consigo mismo en voz alta y que, como diríamos, camina de un lado para el otro. Conoces esas noches de agitación ¿no? Das coletazos como un pez fuera del agua, el hecho que te lastimó te da vueltas a la cabeza, y piensas que hubieras deseado decir algo o lamentas lo que dijiste.

Versículos 4-8: Enumera las palabras que describen los sentimientos de David. No olvides su verdadera confesión, lo que desearía hacer como resultado de todo este sufrimiento.

_____

_____

_____

_____

_____

_____

Versículos 9-10: ¿Qué sucede en Jerusalén, «la ciudad»? ¿Quién se ve afectado?

_____

_____

_____

_____

_____

_____

Aparentemente, lo que había afectado tan profundamente a David también afectaba a un notable número de personas en Jerusalén.

Versículos 12-14: ¿Quién causa todo esto? Fíjate con cuidado en todas las facetas de la relación que David había tenido con este hombre.

_____

_____

_____

_____

Versículo 15: ¿Qué desea David que le suceda a este hombre y todo aquel que esté con él? (La palabra _ellos_ indica más de una persona que estarían lideradas por un hombre).

_____

_____

_____

_____

Versículo 16-17: ¿Qué resolvió hacer David?

_____

_____

_____

_____

_____

Versículo 22: ¿Qué hará con todo su dolor?

_____

_____

_____

_____

_____

_____

_____

_____

_____

Echar significa arrojar algo para alejarlo de ti. Toma la carga, o la ofensa, lo que sea que «ellos» te han dado, levántala y arrójasela al Señor. No se trata de un juego de pelota, en que la atrapas y la devuelves; Él la atrapará, pero no te la arrojará de vuelta. Una vez que decides arrojársela, es Él quien decide qué hacer.

¿Puedes oír la serena resolución en la voz de David al final de esta tempestuosa canción? *Pero yo en ti confiaré.* Se me ocurre que al decir esas palabras, apaga la luz y se va a dormir.

 PENSAMIENTO *para* SABOREAR DE A SORBOS

Es correcto sentirte dolida cuando te han herido. Decir que no te duele cuando sí duele o adoptar una seudoespiritualidad que adormece tu dolor es improductivo. El Señor conoce tu corazón; sabe que estás sufriendo. Cuando le dices que no estás dolida, no lo engañas. Según la Biblia, David era un hombre conforme al corazón de Dios, y a pesar de ello, sufría. Este amigo de David que se había convertido en enemigo había lastimado a mucha gente, los había engañado con habilidad y había traicionado a su amigo. Nada indica que Dios haya resuelto el problema de acuerdo a la petición de David. Sin embargo, David cambió en su conversación con el Señor.

Conocer el interior del corazón de David no es oír el relato completo de lo que sucedió, sino sentir y ver cómo eso lo afectó. Hasta donde sabemos, David no había hecho nada malo; parece que lo habían herido por sorpresa. Aunque era un hombre de Dios, se sintió traicionado, perturbado y trastornado por esta traición. Sin embargo, dirigió su queja al Señor y, en un lugar de íntima comunión con Él, pudo expresar por completo lo que sentía: su angustia por los efectos de esta traición, el no poder creer que hubiera provenido de un amigo de confianza y la silenciosa determinación de poner todo este remolino de dolor en manos del Señor.

Setenta veces siete

Vayamos directamente a Mateo 18:21-35.

Jesús nos habla del perdón. Esta parábola modifica los parámetros del perdón de entonces y de ahora. La pregunta de Pedro da pie a la parábola que relata Jesús. Parecía una pregunta muy inocente. Estoy segura de que Pedro sintió que lo iban a nombrar el mejor de la clase por ser tan astuto. ¡Ni se imaginaba que Jesús estaba a punto de revelar que los conceptos que Pedro tenía del perdón y el de

De la historia de Michelle
Mi dolor no sanaba porque no había perdonado.

Jesús eran dos cosas diferentes!

Lee el versículo 21 y reformula la pregunta de Pedro con tus propias palabras.

_____

_____

_____

_____

La tradición judía y los escritos rabínicos históricos enseñan que basta con perdonar a alguien tres veces por la misma ofensa. Si quieres ser más perdonador, puedes añadir una más, pero eso es todo lo necesario. ¿La sugerencia de Pedro insinúa que está comenzando a comprender la misericordia y compasión de Jesús? Tal vez; pero lo importante no es la comprensión de Pedro, sino la respuesta de Jesús.

Versículo 22: ¿Qué dice Jesús?

_____

_____

_____

_____

_____

_____

_____

_____

Este número se puede leer como 77 o como 490 (es decir, 70×7). Ambos podían apabullar a todos los que escuchaban. Jesús está hablando con sus discípulos, que conocen las costumbres y tradiciones relacionadas con la interacción social. En este caso, Jesús no fue literal. Lo que hizo fue usar un número exagerado para transmitir este mensaje al grupo: el perdón no tiene límite.

Es fácil llevar la cuenta si perdonamos tres veces. Una ofensa, dos ofensas, tres ofensas, y se acabó. Sin embargo, Jesús mandó perdonar a la gente tantas veces como para perder la cuenta. Perdonar hasta acostumbrarnos. Perdonar generosamente.

Ahora que les captó la atención, Jesús apuntala este nuevo mandamiento con una parábola explicativa.

Veamos cuánto le debía el siervo a su amo en esta parábola. Un talento era mucho dinero... ¡mucho! Un talento (algunas traducciones dicen «bolsa de oro») correspondía al salario que recibía un obrero promedio durante unos

20 años. Entonces, ¡para devolver 10.000 talentos se hubieran necesitado 200.000 años!
Jesús bien hubiera podido usar una suma ima-
ginaria de montañas de dólares.

Ahora, veamos cuánto le debía el compañero a
este siervo. Cien denarios (o «monedas de plata»)
representaban el salario de unas veinte semanas.
El compañero de este siervo hubiera podido devolver el dinero en menos de un año.

¿No te parece que hay un gran desequilibrio aquí?
¡Doscientos mil años contra veinte semanas! Una
deuda descomunal e impagable que hace que 100
denarios parezcan unas pocas monedas.

Lee los versículos 29-30. ¿Qué le hace el primer
siervo, a quien acababan de perdonarle 10.000
talentos, a su compañero que le debe solo
100 denarios?

_____

_____

_____

_____

_____

_____

_____

_____

¡¿Qué?! Y repito, *¡¿qué?!* Si la parábola terminara aquí, ¿cuál dirías que es el significado o el mensaje de la historia? (Esta es solo una pregunta especulativa). Sin duda, esta parábola hubiera hecho arquear más de una ceja, como para darle a todos los que escuchaban mucho de qué hablar durante la cena aquella noche. Jesús acababa de sobrepasar con creces lo que se consideraban prácticas de perdón más que aceptables. Pero aún no ha terminado.

Lee los versículos 31-34. ¿Qué hace el señor como resultado de la nueva información?

_____

_____

_____

_____

El versículo 35 es la moraleja de la historia. Escribe a continuación la explicación de Jesús.

_____

_____

_____

_____

_____

_____

Solo para insistir en el asunto más vital, ¿cómo se nos dice que debemos perdonar?

_____

_____

_____

_____

_____

_____

_____

Esta parábola no trata de prácticas comerciales. Trata del perdón. La generosidad del Señor es inmensa. No sé si comprendemos cabalmente la profundidad, la anchura, la altura y la longitud del amor de Dios hacia nosotros. Pablo explica en Romanos que aun siendo nosotros pecadores, Jesús murió por nosotros para perdón de nuestros pecados (Romanos 5:8). Esto quiere decir que todos los pecados de tu vida han sido perdonados: los pecados del pasado y los pecados del futuro que ni siquiera has concebido están perdonados... ¡millones de pecados! ¿Ya te sientes agradecida?

Otro tema de esta historia es el costo que tiene sobre tu vida la falta de perdón. El primer siervo parece estar más cegado por la deuda de su compañero que agradecido por la misericordia de su amo. Con mucha estrategia, Jesús narra que el primer siervo «saliendo [...] halló» a su compañero. No se lo cruzó por la calle y de pronto recordó que su amigo le debía dinero. No, fue a buscarlo. Más que preocupado, esta deuda lo consumía con un enojo asesino. Lo tomó del cuello y lo estrangulaba. El primer siervo parece proclive a la venganza.

Nunca supuso, y los oyentes de la parábola tampoco, que el que terminó torturado y en prisión fue el que se negó a perdonar. No fue el que debía, sino el que no perdonó.

Cuando no perdonas, tú eres quien termina torturada. El que te ofendió sigue con su vida, mientras que tú vives atormentada. El efecto es que acabas herida dos veces: primero, con el daño original y luego con el tormento que sufres por tu preocupación y enojo.

El perdón que proviene del corazón, donde residen tus pensamientos y sentimientos, es el reconocimiento de la grandeza de Dios que sobrepasa el dolor de cualquier ofensa. Cuando tu relación con el Señor importa más que lo que «ellos» te hicieron, el perdón es posible.

¡Celebra una vida de gratitud!

Con Dios, la gota que colma el vaso es que nos neguemos a dar gracias.

La definición fundamental de dar gracias es reconocer que alguien hizo algo por ti

> De la historia de Michelle
>
> *Aquí estaba [...] sin disfrutar de las bendiciones que el Señor me había dado.*

que tú no hiciste por ti misma. La gratitud es como el aceite en el motor de nuestra salud espiritual. Hace que tu relación con el Señor no tenga fricciones. Tal como hacemos con el auto, debemos revisar regularmente nuestra gratitud para prevenir una avería. ¿Esto es verdaderamente bíblico o son solo palabras bonitas? Veamos.

FILIPENSES 4:6: «Por nada estéis afanosos, sino sean conocidas vuestras peticiones delante de Dios en toda oración y ruego, con acción de gracias».

¿Cómo son las peticiones que alimentan tu ansiedad y que deben ser «conocidas» delante del

Señor? Según este versículo, ¿cuáles son los dos vehículos para presentarle estas peticiones?

1. _____

   _____

2. _____

   _____

La oración es la conversación diaria que se nos invita a tener con el Señor «sin cesar» (1 Tesalonisenses 5:17-18). Esta conversación habitual entre el Padre celestial y sus hijos es parte de la vida cristiana normal. No requiere una postura ni un vocabulario especial; es tan solo la relación entre tú y Él. La súplica es un poco más profunda. Es pedirle fervientemente al Señor un resultado deseado. Son las peticiones que hacemos en nuestra vida de oración. La oración tiene otros elementos, pero estos dos tienden a correr parejos, para recordarnos que la oración saludable consiste tanto de una conversación para cultivar la relación como de peticiones.

ESTUDIO BÍBLICO

¿Qué acompaña a la oración y la súplica en Filipenses 4:6?

_____

_____

_____

_____

_____

_____

La acción de gracias es la cinta que envuelve la oración y la súplica en un mismo paquete. Pablo hubiera podido recibir dirección para escribir un sinnúmero de palabras grandiosas: con honor, con humildad, con fe, con confianza. ¿Por qué te parece que Pablo exhorta a presentar tu oración y tus súplicas al Señor con acción de gracias?

_____

_____

_____

_____

_____

_____

_____

_____

Lee Romanos 1:21-23. Considera esta lista como una progresión desde un punto inicial hasta uno final, incluyendo todos los puntos intermedios. Hay seis puntos por los cuales pasar: desde el principio de una «caída» hasta que oímos el ruido sordo contra el fondo. Lee estos tres versículos cuidadosamente para descubrir cuáles son esas seis acciones. Son cosas que los hombres descritos en estos versículos no hicieron, o aquello en lo que se convirtieron como resultado.

1. _____

   _____

2. _____

   _____

3. _____

   _____

4. _____

   _____

5. _____

   _____

6. _____

   _____

La falta de gratitud es parte de una espiral des-
cendente. ¿Alguna vez te subiste a una montaña
rusa? Si lo hiciste, sabrás que es muy riesgosa
si no estás atada con seguridad a tu asiento. En
todas las montañas rusas a las que me he subi-
do hay dos medios de seguridad: el cinturón o
arnés de seguridad y la barra contra las piernas.
Esperas que esas dos cosas te sostengan para
no salir disparada durante la vuelta.

Honrar a Dios es como el arnés de seguridad y
la acción de gracias es como la barra contra las
piernas. La combinación de ambos elementos
evitará que salgas disparada durante la vuelta.

PARA PENSAR: ¿Cómo te parece que operan juntos la gratitud y el perdón?

_____

_____

_____

_____

_____

_____

_____

 PENSAMIENTO *para* **SABOREAR DE A SORBOS**

Cuando el perdón es un estilo de vida, alimentado por la consistente práctica de la acción de gracias, mantienes el camino puro delante del Señor. La ofensa de una persona tiene el potencial de herirte dos veces: una por el dolor que produce y otra al interferir en tu relación con el Señor. Con la misma rapidez con que soltarías un plato caliente, abandona la negativa a perdonar y arrójala lejos de ti al entregársela al Señor. No importa lo profunda que sea la herida, Su amor por ti es aún mayor. Él desea que recibas sanidad, una sanidad que comienza cuando accedes a liberar el perdón que el enojo y el deseo de venganza mantienen atrapado. Cuando aceptas el mandamiento del Señor de perdonar, tienes Su atención y Él te escucha. Jesús enseñó este concepto en Su oración modelo, y luego lo ejemplificó en Su vida al vencer el mal con el bien.

Dios no dijo que este asunto del perdón nos gustaría ni que nos resultaría fácil. Simplemente dijo que lo hagamos. El que conoce el corazón sabe el potencial destructivo que tienen el enojo, la amargura y el resentimiento cuando están atrapados en la negativa a perdonar. ¡Tu calidad de vida está en juego aquí!

El Salmo 23, una de esas canciones que el rey David escribió, nos revela la clave: «Aderezas mesa delante de mí en presencia de mis angustiadores» (Salmo 23:5). Dios prepara una mesa para ti, justo frente a tus enemigos. Sobre la mesa hay una comida gourmet, caliente, fresca

y llena de aromas, solo para dos. Dios no per-
sigue a tus enemigos ni les manda horrendos
males para castigarlos por cómo te han maltrata-
do. No está preocupado por ellos, sino por ti. Tú
eres la invitada a Su mesa mientras ellos obser-
van. Ven a la mesa. No permitas que lo que te
hicieron te robe tu lugar delante de Él. Tú eres
más importante.

Oración

Grande y poderoso Señor, gracias por todo lo que eres en mi vida.

Gracias por tu abundante gracia y eterna fidelidad. Que pueda ser tan presta a perdonar a los demás como tú me has perdonado a mí. Pido perdón a todos, porque yo he lastimado.

Gracias, Jesús, por librarme de la carga que he llevado durante tanto tiempo de no perdonar a otros. Que la amargura y el dolor abandonen mi cuerpo y que tu Espíritu Santo me llene de luz e ilumine todas las áreas oscuras de mi mente. Que todo lo que diga y haga glorifique tu nombre.

En el nombre de Jesús. Amén.

CAPÍTULO 3

PASOS HACIA LA LIBERTAD

Sharon Kay Ball, psicoterapeuta

Para un niño, la pérdida de uno de los padres no se compara con nada. El abandono puede tener muchas razones, pero el vacío que crea en el corazón del niño es universal. Algunas veces, una madre puede dar a su hijo en adopción, uno de los padres puede morir en un accidente automovilístico, y en otros casos, como el de Michelle, simplemente desaparecen de la vida de su hijo.

Nuestra vida es como un rompecabezas de 1000 piezas. Cada descubrimiento que haces en la vida sobre ti mismo es una pieza que aclara más el cuadro de tu rompecabezas. La gente, los sucesos de la vida o las historias sobre ti te ayudan a definir quién eres. Cuando te faltan piezas claves de información, se crea un vacío en tu interior. Estas piezas pueden incluir preguntas sin respuestas: *¿Por qué me abandonó mamá? ¿Papá se fue porque yo era mala? ¿No seré suficientemente bueno? ¿Hay algo que hubiera podido hacer para que cambiaran de opinión?*

Otra consecuencia que puedes experimentar cuando te abandonan es la falta de cuidados básicos en la niñez. Parte de este cuidado es lo que los padres les proveen a sus hijos: agua, comida, refugio, calidez, un lugar donde dormir, seguridad, amor y pertenencia, y una noción saludable de su persona. Un padre que realmente quiere que sus hijos tengan éxito en la vida les proporcionará un entorno que los aliente a desarrollar al máximo su potencial. La mayor responsabilidad de los padres es compartir con sus hijos el evangelio de la gracia de Dios y cómo Él los ama más que ellos mismos.

Conforme comprendas lo que tus padres no te proporcionaron en la infancia, podrás ver la pérdida que se creó cuando te abandonaron. La

pérdida —o las piezas faltantes en el rompecabezas— varía de una situación a otra, pero deja
en ti (o en cualquier niño) una inseguridad que se
traslada a todas las áreas de la vida. Los cimien-
tos de tu seguridad se desmoronaron cuando tu
padre o madre se fueron, y quedaste librada a tu
suerte para cuidarte emocional y físicamente. El
niño abandonado aprende con mucha rapidez a
desconfiar. Aprende a levantar paredes para pro-
tegerse a sí mismo y así poder sobrevivir. Tu fuerza de supervivencia durante la niñez es digna de
admiración, porque tuviste que enfrentar muchas,
muchas necesidades insatisfechas y desafíos, y
sobreviviste. Sin embargo, ahora que eres adulta,
es probable que quieras completar tu rompecabezas. Para lograrlo, deberás buscar algunas de
las piezas «perdidas» e incluir otras «sanadoras».

En busca de las piezas perdidas

Reconoce tu pérdida; es parte de tu historia. Como adulto, puedes aventurarte a entrar en lugares de tu historia a los que tal vez no tuviste acceso de niña. Es probable que Dios, para protegerte en la niñez, no te haya dado toda la información. Dios permite que los niños tengan mecanismos de defensa para sobrevivir a lo que tienen que atravesar. Uno de esos mecanismos es «olvidar», y es probable que jamás recuerdes algunas de las piezas de tu rompecabezas. Al encontrarte en un entorno más seguro, tal vez recuerdes más partes de tu niñez. Ya sea que recuerdes tu historia o no, reconocer lo que has perdido es clave en tu proceso de sanidad.

Tal vez convenga que comiences a reflexionar en la pérdida de tu niñez con lápiz y papel. Puedes comenzar en cualquier lugar y del modo que quieras. Es tu historia, son tus reflexiones. Algunas veces, es útil comenzar escribiendo el primer recuerdo antes de los doce años. Al escribir tu recuerdo, trata de tener presente cómo te sientes y qué sucede fisiológicamente en tu cuerpo. ¿Te sientes triste, confundida, enojada, feliz, asustada, vacilante o sola? ¿Cómo reacciona tu cuerpo a este recuerdo? ¿Estás tensa o se te acelera el corazón? ¿Te transpiran las palmas de las manos? ¿Te sientes mareada?

Cuando consideras y tomas conciencia de cómo te sientes y de cómo reacciona tu cuerpo, te haces un regalo al reconocer que este recuerdo es importante, ya sea bueno o malo. Es como decirte a ti misma: «Soy valiosa y digna de ser amada, y por más duro o bueno que sea este recuerdo, no lo dejaré. Le prestaré atención».

Comparte tu historia. Cuando le relatas el viaje de tu vida a una amiga o consejera, te regalas un oído que te escucha. Tu historia es importante y mereces ser escuchada. Durante este tiempo, tal vez quieras buscar ayuda profesional para que te apoye a lo largo de este proceso o tener un cuaderno con ejercicios para manejar el dolor, como guía para llevar un diario con los sentimientos que surgirán dentro de tu corazón.

El duelo por las piezas perdidas

Tienes que permitirte hacer un duelo por las piezas perdidas de tu rompecabezas. Al atravesar las etapas del duelo, es importante saber que el duelo es universal pero diferente en cada persona. Por lo general, la gente se saltea las etapas del duelo. Al recorrer las diferenes etapas del duelo, permítete sentir el movimiento, porque donde hay movimiento hay vida, y donde hay vida hay esperanza. Saldrás adelante y descubrirás que eres más fuerte. Este es el regalo del duelo. Te permite reconocer la profundidad de la pérdida y luego te da la fuerza para manejarla. No seas dura contigo misma a través de estas etapas. Sé paciente, mantén la calma y respira. Te asombrarás cuando aceptes tu dolor y ya no le temas. Lo verás como tu amigo y no como tu enemigo.

Durante estas etapas, puedes sentir que Jesús no está contigo, pero Él está allí: allí mismo, a tu lado. Jamás te abandonó. Comprender cómo te sentiste cuando tu padre o madre te abandonaron te ayudará a entender por qué sientes que Jesús te abandonó. Solemos ver al Señor a través del filtro de la visión que tenemos de quienes debían ocuparse de nosotros. Nuestros padres terrenales se marchan, pero nuestro Padre celestial no. Tal vez ahora no lo sientas, pero te aseguro: Él no te ha abandonado. Jesús no se impone, sino que espera pacientemente tu invitación. Cuando escuche que lo llamas, responderá como tú lo necesitas. Tal vez, por el momento, lo único que necesitas saber es que te cuida, esperándote y dándote tiempo para que descubras cómo comenzar una conversación con Él. Porque ya llegará el momento de dialogar con Él. Esa conversación formará parte del proceso de añadir piezas a tu rompecabezas.

Para comenzar esta conversación, haz una lista de todas las preguntas que quieres hacerle. A medida que la lista toma forma, es probable que te sorprendas al ver que son las mismas preguntas que tienes para tus padres que te dejaron.

La pieza del shock y la negación

Es probable que te hayas sentido abrumada cuando tus padres te abandonaron. Puedes haber pasado por un período de shock, seguido de un intento por descifrar cómo seguir adelante para sobrevivir. De adulta, también puedes experimentar un fuerte impacto al comprender mejor cómo te afectó ese abandono. Habrá momentos en los que menearás la cabeza sin poder comprender cómo tu padre o madre pudo irse tan campante. Habrá ocasiones en las que tendrás que poner esa «conciencia de abandono» sobre un estante y reservarla para otro día. En algunos momentos, el recuerdo puede resultar demasiado abrumador para elaborarlo.

Cuando eras niña, la negación te protegió de la catarata de emociones que tu corazoncito no podía manejar. En ocasiones, todavía te protege. Sin embargo, como adulta te encuentras en un lugar más seguro para procesar estas emociones. Confía en ti misma para enfrentar el dolor que está allí. Actúa con moderación. Será un proceso duro donde te sentirás emocional y físicamente exhausta mientras procesas estos sentimientos de abandono.

La pieza del dolor y la culpa

El dolor y la culpa pueden ir y venir a lo largo del proceso de sanidad. Es probable que cuando eras niña, te hayas culpado por la partida de tu padre. Tal vez recuerdes momentos en tu infancia en los que pensaste que hubieras podido cambiar la situación «si tan solo» hubieras hecho esto o aquello. Es importante que sepas que no fue tu culpa. No hay nada que un niño pueda hacer que fuerce a sus padres a irse. No eres responsable de la partida de ellos. Ya no puedes seguir llevando este peso de responsabilidad. Déjaselo a la persona que es responsable de haberte dejado: tu padre o madre.

Este podría ser un buen momento para escribir una lista de preguntas que tienes respecto a por qué te abandonaron. (También puedes consultar las preguntas que tenías para Jesús). No hay preguntas correctas ni equivocadas. Regálate la posibilidad de hacer todas las preguntas que quieras, sin restricciones. Tal vez no encuentres todas las respuestas, pero al preguntar, reconoces la importancia que tienen para ti las preguntas sin respuesta. Esto reflejará nuevamente tu pérdida.

Si tienes hijos, puede ser útil imaginar que los abandonas. ¿Puedes hacerlo? ¿Puedes imaginar a tu pequeñita o pequeñito sin padres que lo cuiden? Lo más probable es que si te pones en esta situación, termines llorando. Hazlo igualmente; te ayudará a conectarte con la niñita en ti que fue abandonada. Hasta es probable que te libere del peso de la culpa.

La pieza del enojo y la tristeza

Te enojarás. Tienes todo el derecho a estar eno-jada, ya sea como niña o como mujer adulta. Has perdido a alguien que debía estar a tu lado para cuidarte. Procura no esconderte de tu enojo. El enojo te recuerda que tu padre se comportó mal al abandonarte. Cuando tomas conciencia de tu enojo y te comprometes a tratarlo de manera saludable, evitas descargar esa rabia contra los que te rodean. Si decides reprimirla, lo único que lograrás es acumularlo en tu interior y luego lo arrojarás de maneras insalubres sobre aquellos que amas. Esto no ayuda a tu recuperación ni a los que te rodean. Procura comprender y controlar tu enojo, pero encuentra un momento para desahogar tu rabia: podrías escribir, hacer ejercicio o conversar con alguien.

La tristeza es otra pieza del rompecabezas. Tal vez no te hayas dado cuenta de lo profunda que es; reconocer esta emoción le dará sentido al llanto sin motivo y a la confusión que hay en tu corazón. Tu tristeza es el reflejo de un gran hueco que se formó en tu vida cuando tu padre o madre te abandonaron. Es un hueco profundo y ancho. Este desconsuelo va y viene, y se manifiesta de diversas maneras. Está bien si lloras. Está bien añorar lo que no tuviste. Si te embarga la tristeza en el trabajo y no puedes ocuparte adecuadamente de ella, toma un trozo de papel y anota cómo te sientes en ese momento. Llévate ese papel a casa y léelo en voz alta para ti misma. Tu corazón no se olvidará de lo que sientes y podrás ocuparte de la tristeza debidamente.

Habrá momentos en que tendrás que transitar esta parte del proceso de duelo sola. Es probable que en tu círculo no haya nadie que haya experimentado un dolor semejante. Puede ser útil encontrar un grupo de mujeres que hayan experimentado la misma clase de pérdida, o integrarte a grupos de apoyo en tu iglesia o en la comunidad. Participar en uno de estos grupos te permitirá conocer a mujeres que entienden esta clase de dolor y su presencia te hará sentir normal y te alentará.

La pieza de la aceptación

A través de la aceptación, reconoces la realidad de tu pérdida y encuentras algunas de las piezas del rompecabezas. La aceptación también te recuerda que probablemente no las encuentres todas, pero ¡todavía tienes las del presente y las del futuro para añadirle! Con la aceptación, los sentimientos de dolor suben y bajan en tu vida sin dejar entrar a los de condenación o vergüenza. No significa que tendrás felicidad instantánea ni que todos los malos sentimientos desaparecerán, pero habrás llegado a comprender cómo amigarte con tu dolor para seguir adelante, a pesar de algunas piezas faltantes en tu rompe-cabezas. Habrás comprendido cómo transitar por la vida con emociones encontradas: el gozo y la tristeza. El duelo es un paquete con diversas emociones y se requiere energía para aprender el arte de equilibrar las emociones.

El perdón, otra pieza de tu rompecabezas

*Todos dicen que el perdón es una excelente idea,
hasta que tienen que perdonar.*

C.S. LEWIS

Perdonar es difícil, pero te proporciona grandes recompensas. Quizás convenga comenzar por entender cómo ve Dios el perdón y muchos de los obstáculos que tal vez te impiden seguir adelante y perdonar. Para contrarrestar una idea del perdón como obstáculo y traba en tu camino hacia la libertad, definamos qué *no* es el perdón.

- Perdonar *no* significa que la persona ya no merezca el castigo por lo que te hizo.

- Perdonar *no* significa olvidar el mal que te hicieron.

- Perdonar *no* significa aprobar el mal cometido.

- Perdonar *no* implica renunciar al enojo justo que sientes por lo que te hicieron.

● Perdonar *no* requiere relacionarte con la persona que te ha hecho daño.

Muchas veces, el mayor obstáculo para el perdón es aferrarte al deseo de ver que la persona que ha pecado contra ti sea castigada. Por la gracia de Dios podemos quitar este obstáculo al reflexionar en cómo Él se ocupa de la situación. El apóstol Pablo dejó instrucciones expresas de Dios respecto a tu deseo de venganza: «No os venguéis vosotros mismos, amados míos, sino dejad lugar a la ira de Dios; porque escrito está: Mía es la venganza, yo pagaré, dice el Señor» (Romanos 12:19).

Dios desea que uses tu energía para vivir en paz, y así recibir el regalo de la vida en vez del paquete de amargura. Él ve tus dolorosas heridas y se vengará por ti; mientras tú te concentras en perdonar al padre que te abandonó. Al hacerlo, Dios te recuerda que jamás te abandonó y que estará a tu lado para soportar la carga de la venganza. Él promete hacer lo que le corresponde: la venganza es suya. Tu tarea es perdonar y avanzar en la vida. Tienes muchas nuevas piezas que agregar

a tu rompecabezas, y esta vez, tienes que elegir-
las. Dios comprende la libertad que viene con el
perdón; por eso es un mandamiento. Cuando te
decidas a obedecer Su mandamiento, quedarás
en libertad para ser una sobreviviente y dejarás
de ser una víctima.

El perdón trae la libertad definitiva. Dios sabe
que tu corazón ha pagado un precio muy alto
por haber sido abandonada. Comprende que
es aun difícil confiar en que Él vengará tu dolor. Sin embargo, Su mayor deseo es verte libre, viviendo del modo para el cual te creó.
Perdonar a la persona que te lastimó es la
gracia que acompaña a la libertad. Dios sabía
lo que hacía cuando te ordenó perdonar; por
eso se hizo cargo de la venganza.

- ¿Qué sientes al perdonar al padre que te
  abandonó?

- ¿Te resulta difícil creer que Dios vengará de
  verdad tu dolor? ¿Por qué?

- ¿Te cuesta creer que Dios nunca te dejará?

- ¿Te parece que es difícil perdonar? ¿Por qué?

- ¿Crees que el perdón traerá libertad?

- ¿Qué te impide perdonar?

Cómo perdonar

1. Reconoce la pérdida. Solo tú y Dios pueden comprender cabalmente el vacío que el abandono dejó en tu corazón.

2. En algunas situaciones, podrás expresarle tu dolor a tu padre en persona o por correo.

3. Comprende lo que el perdón es y lo que no es.

4. Pon tu confianza en el rol de la Trinidad. El diseño del Padre, Hijo y Espíritu Santo nos da libertad para perdonar:

    *   Jesús, el Hijo de Dios, nos mostró cómo perdonar al morir por nuestros pecados.

    *   Dios el Padre aceptó la muerte de Jesús a nuestro favor y vengará nuestro sufrimiento y dolor.

    *   El Espíritu Santo nos da fuerza para hacer lo humanamente imposible, como perdonar a aquellos que nos han abandonado.

5. Perdónate a ti misma. Es hora de liberarte. Perdónate por considerarte responsable de lo que otro hizo. No eres responsable.

6. Date permiso para ver el perdón como una decisión diaria y un regalo que te haces a ti misma. Vivir sin perdonar es agotador. Cuando perdonamos, nos liberamos para vivir plenamente. La falta de perdón no te dejará avanzar.

Puede ser que debas perdonar más de una vez: está bien. Al darte permiso para ocuparte de tu dolor, y confiar en el rol de Dios y practicar el perdón, pasarás de ser víctima a ser sobreviviente.

Como sobreviviente, los sentimientos de tristeza, desilusión y enojo son territorio conocido para ti. Aunque estos sentimientos de dolor te acompañen a lo largo de tu vida, no tendrán el mismo poder sobre ti que tuvieron en el pasado, porque has optado por la difícil tarea de entenderlos. Fueron causados por el padre que te abandonó, pero son solo una parte de tu rompecabezas y de tu historia; ya no te definen.

Dios te dará el regalo de la fortaleza; acéptalo. Solo Él puede darte el valor, la bondad y la esperanza que tu corazón necesita para recuperarte de las heridas del abandono.

Debemos perdonar para poder disfrutar de la bondad de Dios sin sentir el peso del enojo ardiendo en lo profundo de nuestros corazones. Perdonar no significa negar el mal que sucedió, sino que es poner nuestras cargas delante del Señor y permitir que Él las lleve en lugar de nosotros.

CHARLES STANLEY

El abuso se manifiesta de muchas formas y no es necesario que enfrentes tú sola una relación abusiva. Puedes liberarte del abuso.

LibreenCristo.com

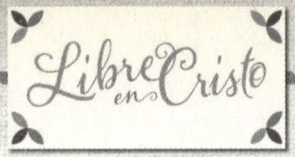

Cómo llegar a la plenitud luego del divorcio presenta historias
de mujeres iguales a ti, mujeres que han pasado por una tragedia
que no querían... y pudieron recuperarse.

LibreenCristo.com